HYACINTHE LIAUTAUD

IL FAUT VOTER!

CONSEILS AUX ÉLECTEURS

AVEC LES

LOIS RELATIVES AUX ÉLECTIONS

*Agir suivant ses droits, c'est
remplir son devoir.*

Prix : 25 centimes

EN VENTE CHEZ M. B. GUÉRARD

204, RUE DE RIVOLI, 204

PARIS 1881

HYACINTHE LIAUTAUD

IL FAUT VOTER!

CONSEILS AUX ÉLECTEURS

AVEC LES

LOIS RELATIVES AUX ÉLECTIONS

Agir suivant ses droits, c'est
remplir son devoir.

EN VENTE CHEZ M. B. GUÉRARD

204, RUE DE RIVOLI, 204

—

PARIS 1881

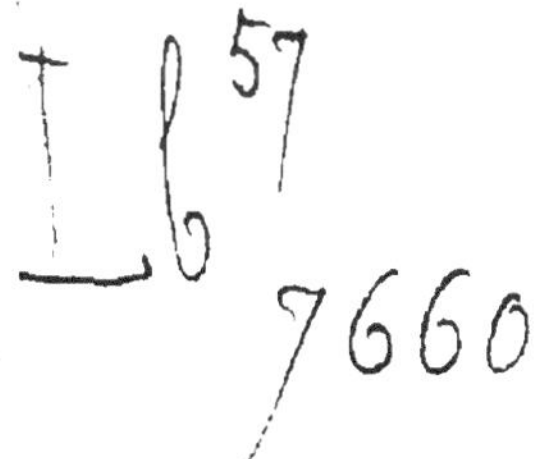

AVANT-PROPOS

Bientôt les élections municipales vont avoir lieu dans toute la France, et, à leur suite, les élections législatives.

Il est donc de toute nécessité, pour l'électeur soucieux de ses intérêts et tenant à bien remplir son devoir, de s'inquiéter déjà de ce qu'il a à faire en prévision de ces graves événements.

Ce sont les indications et les sentiments que chacun doit posséder en ces circonstances que nous avons réunis dans ce livre, et nous sommes persuadé que notre travail servira à attirer l'attention de ceux qui s'inquiètent peu des droits que leur accorde le suffrage universel et qui, par cela même, laissent jouer à des hommes qui en sont indignes un rôle trop élevé pour leur valeur ; ce qui fait que les pouvoirs publics sont placés entre les mains de citoyens incapables de les bien diriger.

Comme un pays ne peut pas vivre continuellement dans une fausse situation et qu'il est nécessaire pour lui que le choix des gouvernants soit fait par les véritables majorités, nous faisons un pressant appel aux hommes de cœur qui voudront bien écouter notre voix et suivre la ligne de conduite que nous traçons plus loin, et qui est absolument indiquée dans cette devise qui est la nôtre :

Agir suivant ses droits, c'est remplir son devoir.

HYACINTHE LIAUTAUD.

Décembre 1880.

CHAPITRE PREMIER

Sur le Vote.

Qu'est-ce que le vote?

Telle est la première question à laquelle nous voulons répondre d'une manière positive.

Le vote est l'expression libre de la volonté populaire dans le choix qu'elle fait des hommes auxquels elle confie le soin de la conduire et de la gouverner.

Le vote est le droit pour le peuple de proclamer, d'absoudre ou de renverser ceux qu'il place au pouvoir par ses suffrages, suivant qu'ils ont mérité sa confiance ou qu'ils en ont démérité.

Et ce droit, que nul ne peut contester, le devoir le plus absolu commande de s'en servir chaque fois que mise en demeure en est faite.

Par le suffrage universel l'homme du peuple, qui autrefois n'était rien, politiquement parlant, est aujourd'hui la première force organique qui crée le pouvoir, et par conséquent, s'il est libre d'employer à sa guise la puissance dont je viens de parler, il faut que cela aboutisse à un résultat sérieux, et que tous les électeurs, sans exception, remplissent leur tâche au jour du vote.

Quelle est la première chose à faire pour voter?

C'est de ne pas manquer de se faire inscrire sur

les listes électorales de son canton, pour les élections législatives comme pour les élections municipales, dès qu'on a vingt et un ans accomplis.

Il faut aussi ne pas oublier de se rendre compte, chaque année, à l'époque de la révision des listes électorales, si on y est toujours bien porté, et, à défaut, il est obligatoire de s'y faire inscrire de nouveau, du moment que rien n'a motivé la radiation.

La révision de ces listes ayant lieu à des dates fixes et dans des limites indiquées par la loi, ainsi qu'on le verra plus loin, on peut, en cas d'empêchement, faire vérifier ses droits par un ami ou un parent, qui les fait valoir pour lui s'ils ont été méconnus.

Qu'arrive-t-il par l'insouciance qu'on met à voter?

Il arrive qu'on laisse passer comme députés ou conseillers municipaux des citoyens qui ne représentent point les majorités.

Par cette insouciance, il arrive également (l'exemple est là pour le démontrer) que ce ne sont pas toujours les révolutionnaires qui font les révolutions, mais bien les conservateurs.

Sur ce point, je m'explique, et je demande à tous les gens loyaux de dire si les choses n'ont pas lieu ainsi que je vais le démontrer.

Que se passe-t-il, en effet, dans un vote?

C'est que tous les électeurs qui n'ont rien à perdre dans les périls sociaux, c'est-à-dire qui ne possèdent rien, ne manquent jamais de donner leurs voix au candidat qu'ils veulent élire ; tandis que les conservateurs, qui ont cependant tout intérêt à sauvegarder ce qu'ils possèdent et à voter pour un candidat représentant leurs principes, restent tranquillement chez eux et se désintéressent complètement des élections.

Ce sont eux qui forment toujours la masse des abstentions; et si ces hommes-là s'émotionnaient davantage des choses électives, qui leur appartiennent cependant plus qu'aux autres, puisqu'ils ont une somme plus considérable de choses à protéger et à faire respecter, les révolutionnaires n'auraient pas toujours la majorité et ne seraient pas continuellement prêts à faire la loi dans un pays où l'honneur, le dévouement et le patriotisme prédominent encore, heureusement.

Veut-on avoir une preuve de ce que j'avance?

Prenons les dernières élections, celles du 17 octobre 1877 : nous voyons que les républicains ont obtenu 4,179,985 voix et les conservateurs 3,614,027 voix.

Ajoutez aux voix conservatrices les 2 millions de voix des citoyens qui se sont abstenus, c'est-à-dire les 2 millions d'insouciants, de ces conservateurs qui aiment mieux rester au coin de leur feu que de voter, ainsi que nous l'avons démontré plus haut, et nous voyons que la majorité n'est pas du côté de ceux qui veulent le bouleversement social, mais bien du côté de ceux qui désirent la conservation de la société, lorsqu'elle est établie sur de bonnes bases.

Quelle conséquence pouvons-nous donc tirer de tout cela ?

C'est que, si les conservateurs le voulaient, ils pourraient rendre au pays la paix et la confiance qui lui manquent, et que, si nous sommes malheureusement dans l'état de gâchis où nous nous trouvons, ils peuvent se frapper la poitrine et faire leur *Mea culpa*, car c'est bien par leur faute.

A eux donc de ne pas nous obliger à réclamer une loi arbitraire, *qui rendrait le vote obligatoire sous peine d'amende*, et à montrer qu'ils vont bientôt sortir de leur torpeur et faire décidément la leçon à ceux qui ont montré qu'ils avaient besoin qu'on la leur fît.

Tout le monde applaudira des deux mains à cet acte courageux en même temps que patriotique, et le pays sera sauvé.

CHAPITRE II

La loi en matière de vote.

Il est de toute nécessité d'indiquer ici les lois et les décrets qui règlent les élections, de façon que les électeurs sachent bien quels sont les droits qu'ils possèdent et puissent en toutes circonstances les faire valoir auprès de qui de droit.

Nous donnerons donc le texte des articles de ces lois et de ces décrets en ce qui est relatif aux élections législatives seulement, les autres élections au conseil municipal, aux conseils généraux et d'arrondissement ayant lieu d'après les mêmes procédés (1).

—

ÉLECTIONS LÉGISLATIVES.
2 *Février* 1852.

TITRE PREMIER.
DU CORPS LÉGISLATIF.

Art. 1ᵉʳ. — *Abrogé et remplacé par l'article 14 de loi du 30 novembre 1875.*

Art. 2. — Chaque département est divisé par un décret du Pouvoir exécutif en circonscriptions électorales égales en nombre aux députés qui lui sont attribués par le tableau annexé à la présente loi. Ce tableau sera révisé tous les cinq ans. — Chaque circonscription élit un seul député.

Art. 3. — Le suffrage est direct et universel. — Le scrutin est secret. — Les électeurs se réunissent au chef-lieu de leur commune. — Chaque commune peut néanmoins être divisée, par arrêté du préfet, en autant de sections que le rend nécessaire le nombre des électeurs inscrits ; l'arrêté pourra fixer le siège de ces sections hors du chef-lieu de la commune.

Art. 4. — Les collèges électoraux sont convoqués par un décret du Pouvoir exécutif. L'intervalle entre la promulgation du décret et l'ouverture des collèges électoraux est de vingt jours au moins.

Art. 5. — Les opérations électorales sont vérifiées par le Corps législatif, qui est seul juge de leur validité.

Art. 6. — *Abrogé et remplacé par l'article 18 de la loi du 30 novembre 1875.*

Art. 7. — Le député élu dans plusieurs circonscriptions électorales doit faire connaître son option au président du Corps législatif dans les dix jours qui suivront la déclaration de la validité de ces élections.

Art. 8. — En cas de vacances par option, décès, démission ou autrement, le collège électoral qui doit pourvoir à la vacance est réuni dans le délai de six mois.

---

(1) Les élections municipales ont lieu au scrutin de liste pour chaque commune, et le mandat des conseillers municipaux ne pourra excéder trois ans. (*Note de l'auteur.*)

Art. 9. — Les députés ne pourront être recherchés, accusés ni jugés en aucun temps pour les opinions qu'ils auront émises dans le sein du Corps législatif.

Art. 10. — Aucune contrainte par corps ne peut être exercée contre un député durant la session et pendant les six semaines qui l'auront précédée ou suivie.

Art. 11. — Aucun membre du Corps législatif ne peut, pendant la durée de la session, être poursuivi ni arrêté en matière criminelle, sauf le cas de flagrant délit, qu'après que le Corps législatif a autorisé la poursuite.

TITRE II

DES ÉLECTEURS ET DES LISTES ÉLECTORALES.

Art. 12. — Sont électeurs, sans conditions de cens, tous les Français âgés de vingt et un ans accomplis, jouissant de leurs droits civils et politiques.

Art. 13. — La liste électorale est dressée, pour chaque commune, par le maire. Elle comprend, par ordre alphabétique :

1° Tous les électeurs habitant dans la commune depuis six mois au moins ;

2° Ceux qui, n'ayant pas atteint, lors de la formation de la liste, les conditions d'âge et d'habitation, doivent les acquérir avant la clôture définitive.

Art. 14. — Les militaires en activité de service et les hommes, retenus pour le service des ports et de la flotte, en vertu de leur immatriculation sur les rôles de l'inscription maritime, seront portés sur les listes des communes où ils étaient domiciliés avant leur départ. — Ils ne pourront voter pour les députés au Corps législatif que lorsqu'ils seront présents, au moment de l'élection, dans la commune où ils seront inscrits.

Art. 15. — Ne doivent pas être inscrits sur les listes électorales :

1° Les individus privés de leurs droits civils et politiques par suite de condamnation, soit à des peines afflictives ou infamantes, soit à des peines infamantes seulement ;

2° Ceux auxquels les tribunaux, jugeant correctionnellement, ont interdit le droit de vote et d'élection, par application des lois qui autorisent cette interdiction ;

3° Les condamnés pour crime à l'emprisonnement, par application de l'article 463 du Code pénal ;

4° Ceux qui ont été condamnés à trois mois de prison, par application des articles 318 et 423 du Code pénal ;

5° Les condamnés pour vol, escroquerie, abus de confiance, soustraction commise par les dépositaires de deniers publics, ou attentats aux mœurs prévus par les articles 330 et 334 du Code pénal, quelle que soit la durée de l'emprisonnement auquel ils ont été condamnés ;

6° Les individus qui, par application de l'article 8 de la loi du 17 mai 1819 et de l'article 3 du décret du 11 août 1848, auront été condamnés pour outrage à la morale publique et religieuse ou aux bonnes mœurs, et pour attaque contre le principe de la propriété et les droits de la famille ;

7° Les individus condamnés à plus de trois mois d'emprisonnement, en vertu des articles 31, 33, 34, 35, 36, 38, 39, 40, 41, 42, 45, 46 de la présente loi ;

8° Les notaires, greffiers et officiers ministériels destitués en vertu de jugements ou décisions judiciaires ;

9° Les condamnés pour vagabondage ou mendicité ;

10° Ceux qui auront été condamnés à trois mois de prison au moins, par application des articles 439, 443, 444, 445, 446, 447 et 452 du Code pénal ;

11° *Abrogé* ;

12° Les militaires condamnés au boulet et aux travaux publics ;

13° Les individus condamnés à l'emprisonnement, par application des articles 38, 41, 43, et 45 de la loi du 21 mars 1832 sur le recrutement de l'armée ;

14° Les individus condamnés à l'emprisonnement par application de l'article 1er de la loi du 27 mars 1851 ;

15° Ceux qui ont été condamnés par délit d'usure ;

16° Les interdits ;

17° Les faillis non réhabilités, dont la faillite a été déclarée soit par les tribunaux français, soit par jugements rendus à l'étranger, mais exécutoires en France.

Art. 16. — Les condamnés à plus d'un mois d'emprisonnement pour rébellion, outrages et violences envers les dépositaires de l'autorité ou de la force publique; pour outrages publics envers un juré à raison de ses fonctions ou envers un témoin à raison de sa déposition; pour délits prévus par la loi sur les attroupements et la loi sur les clubs, et pour infractions à la loi sur le colportage, ne pourront pas être inscrits sur la liste électorale pendant cinq ans, à dater de l'expiration de leur peine.

Art. 18. — Les listes électorales sont permanentes. — Elles sont l'objet d'une révision annuelle. — Un décret du Pouvoir exécutif déterminera les règles et les formes de cette opération.

Art. 19. — Lors de la révision annuelle, et dans les délais qui seront réglés par les décrets du Pouvoir exécutif, tout citoyen omis sur la liste pourra présenter sa réclamation à la mairie. — Tout électeur inscrit sur l'une des listes de la circonscription électorale pourra réclamer la radiation ou l'inscription d'un individu omis ou indûment inscrit. — Le même droit appartient aux préfets et aux sous-préfets.

— Il sera ouvert, dans chaque mairie, un registre sur lequel les réclamations seront inscrites par ordre de date. Le maire devra donner récépissé de chaque réclamation. — L'électeur dont l'inscription aura été contestée en sera averti sans frais, par le maire, et pourra présenter ses observations.

Art. 20. — Les réclamations seront jugées par une commission composée, à Paris, du maire et de deux adjoints; partout ailleurs, du maire et de deux membres du conseil municipal désignés par le conseil.

Art. 21. — Notification de la décision sera, dans les trois jours, faite aux parties intéressées par le ministère d'un agent assermenté. — Elles pourront interjeter appel dans les cinq jours de la notification.

Art. 22. — L'appel sera porté devant le juge de paix du canton : Il sera formé par simple déclaration au greffe; le juge de paix statuera dans les dix jours, sans frais ni forme de procédure, et sur simple avertissement donné trois jours à l'avance à toutes les parties intéressées. — Toutefois, si la demande portée devant lui implique la solution préjudicielle d'une question d'état, il renverra préalablement les parties à se pourvoir devant les juges compétents, et fixera un bref délai dans lequel la partie qui aura élevé la question préjudicielle devra justifier de ses diligences. — Il sera procédé, en ce cas, conformément aux articles 855, 856 et 858 du Code de procédure.

Art. 23. — La décision du juge de paix est en dernier ressort; mais elle peut être référée à la cour de cassation. — Le pourvoi n'est recevable que s'il est formé dans les dix jours de la notification de la décision. — Il n'est pas suspensif. — Il est formé par simple requête, dénoncée aux défenseurs dans les dix jours qui suivent; il est dispensé de l'intermédiaire d'un avocat à la cour, et jugé d'urgence, sans frais ni consignation d'amende. — Les pièces et mémoires fournis par les parties sont transmis, sans frais, par le greffier de la justice de paix au greffier de la cour de cassation. — La chambre des requêtes de la cour de cassation statue définitivement sur le pourvoi.

Art. 24. — Tous les actes judiciaires sont, en matière électorale, dispensés du timbre et enregistrés gratis. — Les extraits des actes de naissance nécessaires pour établir l'âge des électeurs sont délivrés gratuitement, sur papier libre, à tout réclamant. Ils portent en tête de leur texte l'énonciation de leur destination spéciale et ne peuvent servir à aucune autre.

Art. 25. — L'élection est faite sur la liste révisée pendant toute l'année qui suit la clôture de la liste.

TITRE III

DES ÉLIGIBLES.

Art. 26. — Sont éligibles, sans condition de domicile, tous les électeurs âgés de vingt-cinq ans.

Art. 27. — Sont déclarés indignes d'être élus les individus désignés aux articles 15 et 16 de la présente loi.

Art. 28. — Sera déchu de la qualité de membre du Corps législatif tout député qui, pendant la durée de son mandat, aura été frappé d'une condamnation emportant, aux termes de l'article précédent, la privation du droit d'être élu. — La déchéance sera prononcée par le Corps législatif, sur le vu des pièces justificatives.

Art. 29. — Toute fonction publique rétribuée est incompatible avec le mandat de député au Corps législatif. — Tout fonctionnaire rétribué, élu député au Corps législatif, sera réputé démissionnaire de ses fonctions par le seul fait de son admission comme membre du Corps législatif, s'il n'a pas opté avant la vérification de ses pouvoirs. — Tout député au Corps législatif est réputé démissionnaire par le seul fait de l'acceptation de fonctions publiques salariées.

Art. 30. — Ne pourront être élus dans tout ou partie de leur ressort, pendant les six mois qui suivraient leur destitution, leur démission ou tout autre changement de leur position, les fonctionnaires publics ci-après indiqués : — Les premiers présidents, les procureurs généraux ; — Les présidents des tribunaux civils et les procureurs de la République ; — Le commandant supérieur des gardes nationales de la Seine ; — Le préfet de police, les préfets et les sous-préfets ; — Les archevêques, évêques et vicaires généraux ; — Les officiers généraux commandant les divisions et subdivisions militaires ; —Les préfets maritimes.

TITRE IV

DISPOSITIONS PÉNALES.

Art. 31. — Toute personne qui se sera fait inscrire sur la liste électorale sous de faux noms ou de fausses qualités, ou aura, en se faisant inscrire, dissimulé une incapacité prévue par la loi ou aura réclamé et obtenu une inscription sur deux ou plusieurs listes, sera punie d'un emprisonnement d'un mois à un an et d'une amende de 100 francs à 1,000 francs.

Art. 32 — Celui qui, déchu du droit de voter, soit par suite d'une faillite non suivie de réhabilitation, aura voté, en vertu d'une inscription sur les listes antérieures à sa déchéance, soit en vertu d'une inscription postérieure, mais opérée sans sa participation, sera puni d'un emprisonnement de quinze jours à trois mois et d'une amende de 20 francs à 500 francs.

Art. 33. — Quiconque aura voté dans une assemblée électorale, soit en vertu d'une inscription obtenue dans les deux premiers cas prévus par l'article 31, soit en prenant faussement les noms et qualités d'un électeur inscrit, sera puni d'un emprisonnement de six mois à deux ans, et d'une amende de 200 francs à 2,000 francs.

Art. 34. —Sera puni de la même peine tout citoyen qui aura profité d'une inscription multiple pour voter plus d'une fois.

Art. 35. — Quiconque étant chargé, dans un scrutin, de recevoir, compter ou dépouiller les bulletins contenant les suffrages des citoyens, aura soustrait, altéré ou ajouté des bulletins, ou lu un nom autre que celui inscrit, sera puni d'un emprisonnement d'un an à cinq ans et d'une amende de 500 francs à 5.000 francs.

Art. 36. — La même peine sera appliquée à tout individu qui, chargé par un électeur d'écrire son suffrage, aura inscrit sur le bulletin un nom autre que celui qui lui était désigné.

Art. 37. — L'entrée dans l'assemblée électorale avec armes apparentes est interdite. En cas d'infraction, le contrevenant sera passible d'une amende de 16 francs à 100 francs — La peine sera d'un emprisonnement de quinze jours à trois mois et d'une amende de 50 francs à 300 francs si les armes étaient cachées.

Art. 38. — Quiconque aura donné, promis ou reçu des deniers, effets ou valeurs quelconques, sous la condition soit de donner ou de procurer un suffrage, soit de s'abstenir de voter, sera puni d'un emprisonnement de trois mois à deux ans et d'une amende de 500 francs à 5,000 francs. — Seront punis des mêmes peines ceux qui, sous les mêmes conditions, auront fait ou accepté l'offre ou la promesse d'emplois publics ou privés. — Si le coupable est fonctionnaire public, la peine sera du double.

Art. 39. — Ceux qui, soit par voies de fait, violences ou menaces contre un électeur, soit en lui faisant craindre de perdre son emploi ou d'exposer à un dommage sa personne, sa famille ou sa fortune, l'auront déterminé à s'abstenir de voter, ou auront influencé un vote, seront punis d'un emprisonnement d'un mois à un an et d'une amende de 100 francs à 1,000 francs ; la peine sera double si le coupable est fonctionnaire public.

Art. 40. — Ceux qui, à l'aide de fausses nouvelles, bruits calomnieux, ou autres manœuvres frauduleuses, auront surpris ou détourné des suffrages, déterminé un ou plusieurs électeurs à s'abstenir de voter, seront punis d'un emprisonnement d'un mois à un an, et d'une amende de 100 francs à 2,000 francs.

Art. 41. — Lorsque, par attroupements, clameurs ou démonstrations menaçantes, on aura troublé les opérations d'un collège électoral, porté atteinte à l'exercice du droit électoral ou à la liberté du vote, les coupables seront punis d'un emprisonnement de trois mois à deux ans, et d'une amende de 100 francs à 2,000 francs.

Art. 42. — Toute irruption dans un collège électoral, consommée ou tentée avec violence, en vue d'empêcher un choix, sera punie d'un emprisonnement d'un an à cinq ans, et d'une amende de 1,000 francs à 5,000 francs.

Art. 43. — Si les coupables étaient porteurs d'armes, ou si le scrutin a été violé, la peine sera la réclusion.

Art. 44. — Elle sera des travaux forcés à temps si le crime a été commis par suite d'un plan concerté pour être exécuté soit dans toute la République, soit dans un ou plusieurs départements, soit dans un ou plusieurs arrondissements.

Art. 45. — Les membres d'un collège électoral qui, pendant la réunion se seront rendus coupables d'outrages ou de violences, soit envers le bureau, soit envers l'un de ses membres, ou qui, par voies de fait ou menaces, auront retardé ou empêché les opérations électorales, seront punis d'un emprisonnement d'un mois à un an, et d'une amende de 100 francs à 2,000 francs. — Si le scrutin a été violé, l'emprisonnement sera d'un an à cinq ans, et l'amende de 1,000 francs à 5,000 francs.

Art. 46. — L'enlèvement de l'urne contenant les suffrages émis et non encore dépouillés sera puni d'un emprisonnement d'un an à cinq ans, et d'une amende 1,000 francs à 5,000 francs. — Si cet enlèvement a été affectué en réunion ou avec violence, la peine sera la réclusion.

Art. 47. — La violation du scrutin faite, soit par les membres du bureau, soit par les agents de l'autorité préposés à la garde des bulletins non encore dépouillés, sera punie de la réclusion.

Art. 48. — Les crimes prévus par la présente loi seront jugés par la cour d'assises, et les délits par les tribunaux correctionnels ; l'arlicle 463 du Code pénal pourra être appliqué.

Art. 49. — En cas de conviction de plusieurs crimes ou délits prévus par la présente loi et commis antérieurement au premier acte de poursuite, la peine la plus forte sera seule appliquée.

Art. 50. — L'action publique et l'action civile seront prescrites après trois mois, à partir du jour de la proclamation du résultat de l'élection.

Art. 51. — La condamnation, s'il en est prononcé, ne pourra, en aucun cas; avoir pour effet d'annuler l'élection déclarée valide par les pouvoirs compétents, ou dûment définitive par l'absence de toute protestion régulière formée dans les délais voulus par les lois spéciales.

Art. 52. — Les lois antérieures sont abrogées en ce qu'elles ont de contraire aux dispositions de la présente loi.

2 Février 1852.

Décret réglementaire pour l'élection au Corps législatif
(B. des L., 10ᵉ série, nᵒ 3637).

TITRE PREMIER

RÉVISION ANNUELLE DES LISTES ÉLECTORALES (¹).

ART. 1ᵉʳ. — La révision annuelle des listes électorales s'opère conformément aux règles qui suivent : — Du 1ᵉʳ au 10 janvier de chaque année, le maire de chaque commune ajoute à la liste les citoyens qu'il reconnaît avoir acquis les qualités exigées par la loi, ceux qui acquerront les conditions d'âge et d'habitation avant le 1ᵉʳ avril et ceux qui auraient été précédemment omis. Il en retranche :

1º Les individus décédés;
2º Ceux dont la radiation a été ordonnée par l'autorité compétente;
3° Ceux qui ont perdu les qualités requises par la loi;
4° Ceux qu'il reconnaît avoir été indûment inscrits, quoique leur inscription n'ait point été attaquée. — Il tient un registre de toutes ces décisions et y mentionne les motifs et pièces à l'appui.

ART. 2. — Le tableau contenant les additions et retranchements faits par le maire à la liste électorale est déposé au plus tard le 15 janvier au secrétariat de la commune. — Ce tableau sera communiqué à tout requérant, qui pourra le recopier et le reproduire par la voie de l'impression. Le jour même de ce dépôt, avis en sera donné par affiches aux lieux accoutumés.

ART. 3. — Une copie du tableau et du procès-verbal constatant l'accomplissement des formalités prescrites par l'article précédent sera en même temps transmise au sous-préfet de l'arrondissement, qui l'adressera, dans les deux jours, avec ses observations, au préfet du département.

ART. 4. — Si le préfet estime que les formalités et les délais prescrits par la loi n'ont pas été observés, il devra, dans les deux jours de la réception du tableau, déférer les opérations du maire au conseil de préfecture du département, qui statuera dans les trois jours, et fixera, s'il y a lieu, le délai dans lequel les opérations annulées devront être faites.

ART. 5. — Les demandes en inscription ou en radiation devront être formées dans les dix jours à compter de la publication des listes (dans les vingt jours, décret, 13 janv. 1866). Voir page 20).

(¹) Voir, à la suite, le décret du 13 janvier 1866.

Art. 6. — Le juge de paix donnera avis des infirmations par lui prononcées au préfet et au maire dans les trois jours de la décision.

Art. 7. — Le 31 mars de chaque année, le maire opère toutes les rectifications régulièrement ordonnées, transmet au préfet le tableau de ces rectifications et arrête définitivement la liste électorale de la commune. — La minute de la liste électorale reste déposée au secrétariat de la commune; le tableau rectificatif transmis au préfet reste déposé avec la copie de la liste électorale au secrétariat général du département. — Communication en doit toujours être donnée aux citoyens qui la demandent.

Art. 8. — La liste électorale reste jusqu'au 31 mars de l'année suivante telle qu'elle a été arrêtée, sauf, néanmoins, les changements qui y auraient été ordonnés par décision du juge de paix, et sauf aussi la radiation des noms des électeurs décédés ou privés des droits civils et politiques par jugement ayant force de chose jugée.

TITRE II

DES COLLÈGES ÉLECTORAUX.

Art. 9. — Les collèges électoraux devront être réunis, autant que possible, un dimanche ou un jour férié.

Art. 10. — Les collèges électoraux ne peuvent s'occuper que de l'élection pour laquelle ils sont réunis. — Toutes discussions, toutes délibérations leur sont interdites.

Art. 11. — Le président du collège ou de la section a seul la police de l'assemblée. — Nulle force armée ne peut, sans son autorisation, être placée dans la salle des séances, ni aux abords du lieu où se tient l'assemblée. — Les autorités civiles et les commandants militaires sont tenus de déférer à ses réquisitions.

Art. 12. — Le bureau de chaque collège ou section est composé d'un président, de quatre assesseurs et d'un secrétaire choisi par eux parmi les électeurs. — Dans les délibérations du bureau, le secrétaire n'a que voix consultative.

Art. 13. — Les collèges et sections sont présidés par les maires, adjoints et conseillers municipaux de la commune; à leur défaut, les présidents sont désignés par le maire, parmi les électeurs sachant lire et écrire. — A Paris, les sections sont présidées, dans chaque arrondissement, par le maire, les adjoints ou les électeurs désignés par eux.

Art. 14. — Les assesseurs sont pris, suivant l'ordre du tableau, parmi les conseillers municipaux sachant lire et écrire; à leur défaut, les assesseurs sont les deux plus âgés et les deux plus jeunes électeurs présents sachant lire et écrire. — A Paris, les fonctions d'assesseur sont remplies dans chaque section par les deux plus âgés et les deux plus jeunes électeurs sachant lire et écrire.

ART. 15. — Trois membres du bureau au moins doivent être présents pendant tout le cours des opérations du collège.

ART. 16. — Le bureau prononce provisoirement sur les difficultés qui s'élèvent touchant les opérations du collège ou de la section. — Ses décisions sont motivées. — Toutes les réclamations et décisions sont inscrites au procès-verbal; les pièces ou bulletins qui s'y rapportent y sont annexés, après avoir été paraphés par le bureau.

ART. 17. — Pendant toute la durée des opérations électorales, une copie officielle de la liste des électeurs, contenant les noms, domicile et qualification de chacun des inscrits, reste déposée sur la table autour de laquelle siège le bureau.

ART. 18. — Tout électeur inscrit sur cette liste a le droit de prendre part au vote. — Néanmoins, ce droit est suspendu pour les détenus, pour les accusés contumaces, et pour les personnes non interdites, mais retenues, en vertu de la loi du 30 juin 1838, dans un établissement public d'aliénés.

ART. 19. — Nul ne peut être admis à voter s'il n'est inscrit sur la liste. — Toutefois, seront admis au vote, quoique non inscrits, les citoyens porteurs d'une décision du juge de paix ordonnant leur inscription, ou d'un arrêt de la cour de cassation annulant un jugement qui aurait prononcé une radiation.

ART. 20. — Nul électeur ne peut entrer dans le collège électoral s'il est porteur d'armes quelconques.

ART. 21. — Les électeurs sont appelés successivement par ordre alphabétique. — Ils apportent leur bulletin préparé en dehors de l'assemblée. — Le papier du bulletin doit être blanc et sans signes extérieurs.

ART. 22. — A l'appel de son nom, l'électeur remet au président son bulletin fermé. — Le président le dépose dans la boîte du scrutin, laquelle doit, avant le commencement du vote, avoir été fermée à deux serrures, dont les clefs restent, l'une entre les mains du président, l'autre entre celles du scrutateur le plus âgé.

ART. 23. — Le vote de chaque électeur est constaté par la signature ou le paraphe de l'un des membres du bureau, apposé sur la liste, en marge du nom du votant.

ART. 24. — L'appel étant terminé, il est procédé au réappel de tous ceux qui n'ont pas voté.

ART. 25. — Le scrutin reste ouvert pendant deux jours : le premier jour, depuis huit heures du matin jusqu'à six heures du soir, et le second jour depuis huit heures du matin jusqu'à quatre heures du soir. (Le scrutin ne dure plus qu'un jour. — Loi du 30 nov. 1875, art. 4.)

ART. 27. — Après la clôture du scrutin. il est procédé au dépouillement de la manière suivante : — La boîte du scrutin est ouverte et le nombre des bulletins vérifié. — Si ce nombre est plus grand ou moindre que celui des votants. il en est fait mention au procès-verbal. — Le bureau désigne parmi les électeurs présents un certain nombre de scrutateurs sachant lire et écrire, lesquels se divisent par tables de quatre au moins. — Le président répartit entre les diverses tables les bulletins à vérifier. — A chaque table, l'un des scrutateurs lit chaque bulletin à haute voix et le passe à un autre scrutateur; les noms portés sur les bulletins sont relevés sur des listes préparées à cet effet.

ART. 28. — Le président et les membres du bureau surveillent l'opération du dépouillement. — Néanmoins, dans les collèges ou sections où il se sera présenté moins de 300 votants, lé bureau pourra procéder lui-même, et sans l'intervention de scrutateurs supplémentaires, au dépouillement du scrutin.

ART. 29. — Les tables sur lesquelles s'opère le dépouillement du scrutin sont disposées de telle sorte que les électeurs puissent circuler alentour.

ART. 30. — Les bulletins blancs, ceux ne contenant pas une désignation suffisante ou dans lesquels les votants se font connaître, n'entrent point en compte dans le résultat du dépouillement, mais ils sont annexés au procès-verbal.

ART. 31. — Immédiatement après le dépouillement, le résultat du scrutin est rendu public, et les bulletins autres que ceux qui, conformément aux articles 16 et 30, doivent être annexés au procès-verbal, sont brûlés en présence des électeurs.

ART. 32. — Pour les collèges divisés en plusieurs sections, le dépouillement du scrutin se fait dans chaque section. Le résultat est immédiatement arrêté et signé par le bureau; il est ensuite porté par le président au bureau de la première section, qui, en présence des présidents dés autres sections, opère le recensement général des votes et en proclame le résultat.

ART. 33. — Les procès-verbaux des opérations électorales de chaque commune sont rédigés en double. — L'un de ces doubles reste déposé au secrétariat de la mairie; l'autre double est transmis au sous-préfet de l'arrondissement, qui le fait parvenir au préfet du département.

ART. 34. — Le recensement général des votes, pour chaque circonscription électorale, se fait au chef-lieu du département, en séance publique. — Il est opéré par une commission composée de trois membres du conseil général. — A Paris, le recensement est fait par une commission de cinq membres du conseil général, désignés par le préfet de la Seine. — Cette opération est constatée par un procès-verbal.

Art. 35. — Le recensement général des votes étant terminé, le président de la commission en fait connaître le résultat. — Il proclame député au Corps législatif celui des candidats qui a satisfait aux deux conditions exigées par l'article 6 du décret organique.

Art. 36 — Si aucun des candidats n'a obtenu la majorité absolue des suffrages, et le vote en sa faveur du quart au moins des électeurs inscrits, l'élection est continuée au deuxième dimanche qui suit le jour de la proclamation du résultat du scrutin.

Art. 37. — Aussitôt après la proclamation du résultat des opérations électorales, les procès-verbaux et les pièces y annexées sont transmis, par les soins des préfets et l'intermédiaire du ministre de l'intérieur, au Corps législatif.

13 Janvier 1866.

Décret qui porte à vingt jours le délai fixé pour les demandes en inscription ou en radiation sur les listes électorales (B. des L., 11e sér., n° 13943).

Art. 1er. — Le délai fixé par l'article 5 du décret réglementaire du 2 février 1852 pour les demandes en inscription ou en radiation sur les listes électorales est porté à vingt jours, à compter de la publication desdites listes.

LOI ORGANIQUE

SUR L'ÉLECTION DES DÉPUTÉS.

(30 novembre 1875.)

Art. 1er. — Les députés seront nommés par les électeurs inscrits.
1° Sur la liste complémentaire comprenant ceux qui résident dans la commune depuis six mois.
L'inscription sur la liste complémentaire aura lieu, conformément aux lois et règlements qui régissent actuellement les listes électorales politiques, par les commissions et suivant les formes établies dans les articles 1 2, 3 et 4 de la loi du 7 juillet 1874.
Les pourvois en cassation relatifs à la formation et à la révision de l'une et de l'autre liste seront portés directement devant la chambre civile de la cour de cassation.

Art. 2. — Les militaires et assimilés de tous grades et de toutes armes des armées de terre et de mer ne prennent part à aucun vote quand ils sont présents à leurs corps, à leurs postes, ou dans l'exercice de leurs fonctions. Ceux qui, au moment de l'élection, se trouvent en résidence libre, en non-activité ou en possession d'un congé régulier, peuvent voter dans la commune sur les listes de laquelle ils sont régulièrement inscrits. Cette dernière disposition s'applique également aux officiers et assimilés qui sont en disponibilité ou dans le cadre de réserve.

Art. 3. — Pendant la durée de la période électorale, les circulaires et professions de foi signées des candidats, les placards et manifestes électoraux signés d'un ou de plusieurs électeurs pourront, après dépôt au parquet du procureur de la République, être affichés sans autorisation préalable.

La distribution des bulletins de vote n'est point soumise à la formalité du dépôt au parquet.

Il est interdit à tout agent de l'autorité publique ou municipale de distribuer des bulletins de vote, professions de foi et circulaires des candidats.

Les dispositions de l'article 19 de la loi organique du 2 août 1875 sur les élections des sénateurs seront appliquées aux élections des députés.

Art. 4. — Le scrutin ne durera qu'un seul jour. Le vote a lieu au chef-lieu de la commune; néanmoins, chaque commune peut être divisée, par arrêté du préfet, en autant de sections que l'exigent les circonstances locales et le nombre des électeurs. Le second tour de scrutin continuera d'avoir lieu le deuxième dimanche qui suit le jour de la proclamation du résultat du premier scrutin, conformément aux dispositions de l'article 65 de la loi du 15 mars 1849.

Art. 5. — Les opérations du vote auront lieu conformément aux dispositions des décrets organique et réglementaire du 2 février 1852.

Le vote est secret.

Les listes d'émargement de chaque section, signées du président et du secrétaire, demeureront déposées pendant huitaine au secrétariat de la mairie, où elles seront communiquées à tout électeur requérant.

Art. 6. — Tout électeur est éligible, sans condition de cens, à l'âge de vingt-cinq ans accomplis.

Art. 7. — Aucun militaire ou marin faisant partie des armées actives de terre ou de mer ne pourra, quels que soient son grade ou ses fonctions, être élu membre de la Chambre des députés.

La disposition contenue dans le premier paragraphe du présent article ne s'applique pas à la réserve de l'armée active ni à l'armée territoriale.

Art. 14. — Les membres de la Chambre des députés sont élus au scrutin individuel. Chaque arrondissement administratif nommera un député. Les arrondissements dont la population dépasse cent mille habitants nommeront un député de plus par cent mille ou fraction de cent mille habitants. Les arrondissements, dans ce cas, seront divisés par circonscriptions dont le tableau sera établi par une loi et ne pourra être modifié que par une loi.

ART. 15. — Les députés sont élus pour quatre ans.
La Chambre se renouvelle intégralement.

ART. 16. — En cas de vacance par décès, démission ou autrement, l'élection devra être faite dans le délai de trois mois, à partir du jour où la vacance se sera produite. En cas d'option, il est pourvu à la vacance dans le délai d'un mois.

ART. 18. — Nul n'est élu au premier tour de scrutin s'il n'a réuni :

1º La majorité absolue des suffrages exprimés ;
2º Un nombre de suffrages égal au quart des électeurs inscrits.

Au deuxième tour, la majorité relative suffit. En cas d'égalité des suffrages, le plus âgé est élu.

ART. 19. — Chaque département de l'Algérie nomme un député.

ART. 20. — Les électeurs résidant en Algérie, dans une localité non érigée en commune, seront inscrits sur la liste électorale de la commune la plus proche.
Lorsqu'il y aura lieu d'établir des sections électorales, soit pour grouper des communes mixtes, dans chacune desquelles le nombre des électeurs serait insuffisant, soit pour réunir les électeurs résidant dans des localités non érigées en communes, les arrêtés pour fixer le siège de ces sections seront pris par le gouverneur général, sur le rapport du préfet ou du général commandant la division.

ART. 21. — Les quatre colonies auxquelles il a été accordé des sénateurs par la loi du 24 février 1875, relative à l'organisation du Sénat, nommeront chacune un député.

ART. 22. — Toute infraction aux dispositions prohibitives de l'article 3, paragraphe 3, de la présente loi, sera punie d'une amende de seize francs à trois cents francs. Néanmoins le tribunal de police correctionnelle pourra faire application de l'article 463 du Code pénal.
Les dispositions de l'article 6 de la loi du 7 juillet 1874 seront appliquées aux listes électorales politiques.
Continueront d'être appliquées les dispositions des lois et décrets en vigueur auxquelles la présente loi ne déroge pas.

ART. 23. — La disposition de l'article 12, par laquelle un délai de six mois doit s'écouler entre le jour de la cessation des fonctions et celui de l'élection, ne s'appliquera pas aux fonctionnaires, autres que les préfets et les sous-préfets, dont les fonctions auront cessé, soit avant la promulgation de la présente loi, soit dans les vingt jours qui la suivront.

CHAPITRE III

Avant les élections.

Nous avons dit ce qu'est le vote et quels sont les droits qu'il donne.

Il faut que nous parlions maintenant de ce que doivent faire les électeurs avant les élections (je veux parler, bien entendu, des électeurs conservateurs).

Ils doivent chercher un candidat qui représente le plus exactement possible leurs idées et faire en sorte qu'il passe, coûte que coûte.

Certains citoyens ne reculent devant aucun sacrifice pour que leurs candidats soient élus.

Des comités sont organisés par eux bien avant les élections, des capitaux sont fournis, une propagande active est faite; si bien que, le jour du vote, la candidature qu'ils soutiennent est si adroitement préparée, qu'habituellement elle passe.

Je dois le dire, tout en priant mes amis de me pardonner ma franchise, l'inertie des conservateurs est telle, qu'ils assistent impassiblement à ce déploiement considérable de bonnes volontés, sans que cela les émeuve et sans qu'ils se dérangent davantage pour faire prévaloir les droits qu'ils possèdent.

De sorte que leur candidat, lorsqu'ils en ont un

(car cela n'arrive pas toujours), se voit seul pour livrer la lutte; nul ne cherche à le soutenir dans le combat pénible auquel il doit prendre part, et il s'épuise en vains efforts, ayant, par la suite, la douleur de voir élire son concurrent, malgré l'énergie qu'il a déployée pour arriver à le vaincre.

Mais, il faut bien le savoir, on ne peut vaincre sans peines; aussi est-il bien difficile que, sans aide et sans secours, un candidat puisse remporter la victoire contre celui qui est chaleureusement recommandé par tous les siens, et qui a quelquefois plus qu'il ne la lui faut leur assistance pour réussir.

Quoi! les conservateurs se plaignent de ne point avoir de succès dans les élections; ils enragent de voir leurs adversaires gagner continuellement du terrain, et ils ne comprennent pas quelles sont les causes de tout cela!

Mais c'est simplement leur inaction, leur manque de courage, de bonne volonté et d'initiative.

Ils veulent que tout leur réussisse, et ils n'acceptent pas de faire quoi que ce soit.

Mais cela ne se peut pas, cela ne se peut plus!

Font-ils comme leurs adversaires?

Non!

Des candidats, en cherchent-ils ou en soutiennent-ils?

Ils s'en occupent faiblement.

Des comités électoraux, en organisent-ils?

De l'argent, en donnent-ils?

De la propagande, en font-ils?

Non ! non ! mille fois non !

Et ils se plaignent que les résultats sont pour d'autres, et non pour eux !

Allons donc, conservateurs, avouez que c'est bien votre faute.

Au nom de vos intérêts les plus chers, faites alors comme vos adversaires !

. Au nom de votre honneur et de votre patriotisme, agissez vaillamment et sans crainte.

Trouvez des candidats, partout ! partout !

Soutenez-les de vos efforts et, au besoin, de votre argent !

Faites une propagande active pour les hommes de votre choix.

Enseignez à ceux qui ne savent pas, faites voter ceux qui s'en sont peu soucié jusqu'à présent.

De cette manière, vous élirez vos représentants.

Et vous jugerez vous-mêmes de ce que cela produira, si vous voulez m'en croire; car, au lieu d'être, dans l'avenir, des vaincus, vous pourrez être des vainqueurs !

CHAPITRE IV

Comment il faut voter.

Avant de nous inquiéter de la manière dont il faut voter, voyons d'abord à quoi servent les candidats élus : députés, sénateurs, conseillers municipaux, d'arrondissement ou généraux ?

Suivant nous, ils servent à représenter les électeurs qui les nomment en ce qui concerne la sauvegarde de leurs droits politiques et la défense de leurs intérêts.

C'est bien là, je crois, le mandat dont sont chargés les élus du peuple. Reste à savoir s'ils le remplissent toujours bien exactement.

Malheureusement non, car l'ardeur qu'ils mettent à satisfaire leurs passions politiques leur fait oublier les engagements pris, les promesses et les nécessités, de même que les réformes qui regardent directement ceux qui leur ont accordé leurs suffrages. Ce qui fait que ceux qui devraient apporter à tous un bien-être possible, par leurs discussions sages et leurs déterminations utiles, laissent le pays dans un chaos continuel.

Quelle est donc la cause de cette situation pénible pour tous les citoyens ?

Eh ! mon Dieu ! cela ne sera pas difficile à démontrer : c'est le mauvais choix qu'on fait de ceux qu'on nomme représentants dans les différentes assemblées de la nation.

On vote pour le premier beau parleur venu ; on se laisse prendre à ses théories, qui paraissent magnifiques et entraînantes ; on ne recherche pas si tout ce qu'il promet est réalisable ; on vote sans réfléchir, les yeux fermés, et on élit tout simplement un député qui va grossir la masse de quelques incapables ; tout cela pour faire bien souvent comme les autres et pour faire du bruit avec eux.

Cela n'est pas sérieux, et ce n'est pas considérer d'une façon exacte la valeur que le vote donne à chaque citoyen lorsqu'on se sert de cette manière, avec un enfantillage impardonnable, de son droit d'électeur.

Cette faiblesse d'acclamer sans réflexion certains tribuns est telle, qu'on voit des collèges électoraux sacrifier leurs intérêts les plus chers au profit d'idées chimériques quelconques ou d'opinions politiques plus ou moins bien fondées, ce qui n'est cependant pas suffisant pour les besoins du peuple, et qui ne sert le plus souvent qu'à fomenter les haines, causes premières des révolutions.

Et, tenez, voulez-vous une seule preuve de ce que j'avance ?

Dernièrement, dans un arrondissement d'un département du Midi, ne voyait-on pas les électeurs cherchant à faire passer un Parisien, qui n'avait jamais mis les pieds dans le département, et qui n'était connu d'aucun de ceux dont il réclamait les votes.

(Je cite ce cas comme j'en pourrais citer cinquante autres.)

Mais le Monsieur qui se présentait était un célèbre, un pur, qui avait fait beaucoup parler de lui en différentes circonstances ; il s'était fait l'ennemi systématique de certaines formes de gouvernement ; il fallait, quoi qu'il arrivât et quoi qu'il en fût, le prendre pour représentant.

Malheureusement pour beaucoup d'électeurs, les intérêts de la contrée, les réformes à y apporter,

les coutumes à y faire respecter et la connaissance
qu'il faut avoir d'un pays pour bien le représenter,
tout cela leur importe peu, la plupart du temps.

Un homme se présente à leurs suffrages, il a la
parole vive, énergique, passionnée : c'est celui-là
qu'il leur faut; il est de Bordeaux, de Marseille, de
Paris, qu'est-ce que cela leur fait à eux : c'est celui-là
qu'ils nommeront !

Erreur qui est la plus grande à laquelle on puisse
se livrer, et qui nous oblige à conduire par la main
l'électeur et à lui montrer, s'il veut nous suivre, quel
est l'homme qui doit le représenter.

Nous allons en faire un tableau très clair, très
précis, qui permettra à chacun de reconnaître immédiatement, dans chaque commune, dans chaque
hameau, celui dont nous voulons parler.

L'homme qui, seul, peut et doit représenter un
arrondissement comme député, ou un canton comme
conseiller général, d'arrondissement ou municipal,
est celui que l'on coudoie tous les jours; c'est l'homme
qu'on sait être le plus honorable; c'est celui qui a
coutume de vivre avec vous, celui qui connaît mieux
que qui que ce soit ce qu'il vous faut : vos habitudes,
vos besoins, votre foi, vos sentiments, vos ardeurs,
votre espérance; c'est celui-là qui doit être le candidat et l'élu des braves gens, de ceux qui possèdent
et qui ont quelque souci du respect qu'ils se doivent
le jour où ils vont déposer leur volonté d'électeur
dans l'urne électorale.

Nous nous permettons de le dire : il n'y a qu'un

homme placé dans ces conditions qui puisse offrir des garanties sérieuses.

Aussi nous recommandons de toutes nos forces à ceux dont l'esprit est élevé, à ceux dont le cœur est grand, d'enseigner sans cesse ces principes aux citoyens qui ne les pratiquent pas suffisamment.

Que ceux qui ont un peu d'honneur n'aient pas crainte de se faire les chefs de file de leurs compatriotes, qui, grâce à eux, ne déserteront plus le combat.

Qu'ils soient persuadés que l'avenir sera moins sombre du jour où, par leurs efforts, joints aux nôtres, tout le monde saura comment il faut voter.

CHAPITRE V

Des conséquences du vote.

Les conséquences d'un vote établi ainsi que nous venons de le démontrer sont faciles à tirer.

Du jour où tous les électeurs exerceront leurs droits, ainsi qu'on a pu le voir dans notre premier chapitre, ce ne seront plus les forces révolutionnaires qui gouverneront le pays, mais, au contraire, les forces conservatrices.

A ce moment, les choses d'État pourront reprendre l'équilibre qu'elles auront un instant perdu; les sentiments, les opinions de tous seront régulièrement représentés et respectés, et la Liberté, pendant si longtemps méconnue, réapparaîtra pour profiter à tout le monde, puisque, alors, elle existera réellement.

C'est pourquoi je pense que mon livre, par ses conseils, pourra servir utilement à ceux qui voudront en comprendre la pensée.

Si j'ai indiqué les lois en matière de vote, c'est parce que je suis persuadé que, par la connaissance de ses droits, l'électeur saura mieux dans quelles limites il pourra exercer son influence.

N'est-ce pas, en effet, bien souvent par l'ignorance de ce qu'il peut et de ce qu'il a le droit de faire, que l'électeur se laisse tromper et mal conduire?

C'est pourquoi, connaissant mieux ce que la loi lui accorde, il pourra se rendre compte d'une façon plus précise si les scrutins et les actes précédant les élections sont faits dans les formes voulues, et c'est par cela même surtout qu'il verra dans quels cas ceux qui voudraient le tromper outrepasseraient les pouvoirs dont ils sont revêtus; et il n'aura plus peur de choisir comme bon lui semblera, parmi les candidats en présence, celui qu'il croira le plus digne.

Enfin quand des menaces seront faites contre sa liberté personnelle, il saura de quelles peines sont passibles ceux qui veulent fausser le sentiment public.

En terminant, j'exprime la certitude que le gouvernement qui naîtra ainsi de l'émancipation libre et entière du suffrage universel sera le plus fort, puisqu'il sera l'élu de la volonté nationale dans sa véritable majorité.

Seulement, pour cela, il faut que tout le monde vote, sans exception, c'est bien entendu.

Et qu'importe que les élections soient faites par le scrutin de liste ou par le scrutin d'arrondissement, rien ne pourra amoindrir le succès de la force conservatrice si les choses se passent suivant mon désir.

Puissent mes souhaits se réaliser et la France reconquérir sa puissance et sa liberté !

Hyacinthe LIAUTAUD.

Une loi relative au secret du vote est en discussion, en ce moment, au Sénat. Si elle passe, elle sera pour l'électeur une garantie, et les craintifs n'hésiteront plus à voter pour qui leur plaira, puisque nul ne pourra savoir quel est le bulletin qu'ils auront placé sous l'enveloppe adoptée.

Au cas où nos gouvernants nous doteraient d'un nouveau mode de scrutin, le scrutin de liste, une seconde édition de notre brochure paraîtra, contenant la nouvelle loi, qui, nous le répétons, ne saurait nous effrayer, si tous les électeurs remplissent bien leur devoir.

H. L.

TABLE DES MATIÈRES

Paris. — Imp. Gauthier-Villars, 55, quai des Grands-Augustins.

9 782014 051063